AF257299

MÉMOIRE

SUR LES NÈGRES;

POUR SERVIR DE MATÉRIAUX

AUX CAHIERS DES COLONIES.

1790.

MÉMOIRE

SUR LES NÈGRES;

Pour servir de matériaux aux Cahiers des Colonies.

INTRODUCTION.

ON a suscité une question terrible. On y voit d'un côté, il est vrai, l'enthousiasme de la vertu, l'intérêt général de l'humanité, une exaltation de sentimens généreux, & les déclamations les plus favorables aux formes oratoires.

A

DE l'autre côté, on ne voit que l'in-térêt perfonnel, la raifon d'Etat, la prévoyance inquiète pour une des fources de l'antique profpérité de la France, de froids calculs, & la défenfe d'une odieufe propriété : mais enfin avec le courage d'un homme qui voyoit fa fortune mife en danger par un grand Miniftre, & fur-tout qui foutient les intérêts de fa Patrie, j'écrivois, il y a quelque-temps, à M. Necker, ce qui fuit :

» *ON frémit à l'afpect feul d'une dif-*
» *cuffion fur une matière dont il eft fi dan-*
» *gereux de parler*, & fur-tout qu'il eft fi
» impolitique de traiter dans une Affem-
» blée qui doit n'avoir en vue que les
» intérêts de la France, fa richeffe & la
» profpérité de ce qui conftitue cette ri-
» cheffe, intérêts auxquels cette difcuffion
» tend à porter les plus vives atteintes «.

A quoi avons-nous à répondre ? *à des écrits* dont les Nègres les plus féditieux défavoueroient la plupart des détails ! *à des écrits*, où les faits (je ne dirai pas altérés, mais presque tous inventés & supposés) ne sont nulle part présentés avec cette impartialité qui rend compte de ce qu'il y a de bien, comme de ce qu'il y a de mal ! *à des écrits* où l'on ne parle du sort des Nègres que comme d'une chose *hideuse*, (expression que même un Propriétaire de biens à Saint - Domingue n'a pas craint d'employer).

ET cependant la plume s'arrête ; elle semble refuser tout ministère à une question dénuée de moyens solides d'attaque, & au contraire tellement surabondante en moyens de défense, qu'il n'y a que l'ignorance ou l'intention d'armer les Noirs eux-mêmes pour recouvrer leur liberté, qui aient pu en faire un problême.

SI les scènes sanglantes des Vêpres Siciliennes, & de la conquête de l'Amérique fe renouvellent ; s'il pouvoit en réfulter qu'une peuplade de Noirs reſtât libre dans les Antilles (choſe impoſſible), feroit-il donc ſi glorieux à ces écrivains modernes de ſe nommer, à ce prix, les amis des Noirs ? fur les débris de nos propriétés devant le fang de pluſieurs milliers de Citoyens, qui oſera dire : » c'eſt moi qui » ai écrit le premier fur la liberté des » Nègres «.

A ces écrivains, dont le nombre ſe multiplie chaque jour, auxquels les Jour-naliſtes s'aſſocient, en diſſéquant & pro-pageant leurs menſonges imprimés, ſe joignent encore les Cahiers de quelques Bailliages ; des Députés à l'Aſſemblée ſe propoſent, font d'avance trophée, d'y provoquer la diſcuſſion du problême. Il eſt donc important de s'armer de bonnes raiſons, & d'en armer les Députés des Colonies pour le foutien du régime actuel, *avec quelques modifications toutefois*, non telles que M. Malouet les propoſe, *en*

créant un Tribunal & de nouvelles Loix ;
mais telle qu'une bonne Constitution Co-
loniale les amènera naturellement.

JE diviserai ce Mémoire en plusieurs
Chapitres, & je commence par celui *de*
l'Esclavage, en le considérant sous son
acception générique.

CHAPITRE PREMIER.

De l'Esclavage.

SERVIR, *être dépendant !* dans quelque langue, & de quelque manière que l'on tourne les définitions de ce mot, on y verra toujours la *néceſſité de ſervir, impoſée par la nature.* A quelle claſſe d'hommes ce mot fatal *ſervir* n'eſt-il pas appliqué ?

Ce Soldat ! ſi mal ſoudoyé, qu'il n'a pas d'autre reſſource au terme de ſon engagement que de le renouveller ; *ce Soldat !* qui n'eſt pas ſûr après de longs ſervices d'obtenir le triſte aſyle des Invalides ; *ce Soldat !* aſſujetti aux punitions les plus rigoureuſes, à la mort, *& ſouvent ſur l'interprétation arbitraire d'un article d'Ordonnance,* l'appellerez - vous un homme libre ?

Ce Matelot ! mal nourri dans les travaux pénibles de la mer, fréquemment battu, *arraché par contrainte à ſon métier de pêcheur, enlevé de force, au ſervice lucratif des vaiſſeaux de commerce pour un ſervice dur, ingrat, mal payé, & dangereux pour ſa vie,* jouit-il de la liberté ?

Ce Payfan, *ce Cultivateur* journalier ! réduit pour la vie à l'aliment le plus groffier & le plus mal fain ; *ce Payfan* qui ne peut s'éloigner de la glèbe qu'il arrofe de fes fueurs, fans s'expofer à la mendicité, à laquelle les gens aifés, pour la plupart, ne répondent que par des refus mêlés de mépris & de dureté ; *ce Payfan* ! qui ne connoît nul milieu, entre endurer toutes les intempéries des faifons, ou mourir de faim, qui fubit tous les maux attachés à l'humanité, fans pouvoir fe procurer aucun remède, fans vêtement, pour ainfi dire, fans autre afyle qu'une cabane ouverte à tout vent ; eft-ce-là l'homme libre qu'on veut fubftituer au Cultivateur Ef-clave ? (1) car, fans doute, on ne pouffe pas l'humanité pour les Noirs au-delà du degré

---

(1) Et que l'on ne dife pas que ce tableau des misères du Payfan n'ait de réalité que paffagèrement ! lifez le Procès-verbal des Etats-généraux de 1576, vous y voyez » que le pauvre laboureur des champs sème & moiffonne, fait & exerce toute efpèce d'agriculture, *foir & matin*, à la chaleur & au froid, qu'il ne perd aucune faifon, foit de pluie, foit de beau temps, *de travailler à la fueur de fon corps, & vivant librement de gros pain & d'eau froide, prefque nud & mal vêtu*, pour faire vivre les Grands fplendidement ; & l'on n'appellera pas cela être de fait efclave du luxe des Grands !

d'exercice qu'on en fait envers les Cultivateurs Blancs en Europe.

Voilà les découvertes où aboutit l'examen impartial & vrai de la liberté des hommes, *nés pour gagner, jour par jour, la juste mesure de leur nourriture.* Et l'on ne contestera pas que cette classe ne soit la plus nombreuse par-tout.

Que l'on promène ces infortunés, de l'extrémité-nord à l'extrémité-sud de l'Isle Saint-Domingue, qu'ils visitent les hopitaux de nos habitations, de ces hopitaux où l'assiduité continuelle d'une Hospitalière, les visites fréquentes d'un Chirurgien, tous les secours de la Pharmacie viennent au secours de l'humanité souffrante (1). Qu'ils voient les cafes à Nègres, qu'ils les voient entourées de volailles & de cochons, acquis & nourris par le superflu des vivres, que nos Nègres récoltent sur le morceau de terre que nous leur abandonnons ! Ces

____

(1) A cette peinture très-vraie, de la tenue de nos hopitaux, opposez le spectacle, très-vrai aussi, d'un Paysan malade, étendu sur une misérable paillasse, n'ayant pas même de la tisane, & entouré d'enfans, que l'interruption du travail de leur père, réduit à n'avoir pas de pain, à mourir de faim.

Payfans envieront le fort de ceux que vous plaignez.

Promenez au contraire, *n'importe quel Nègre*, dans une de vos campagnes, *n'importe laquelle*, vous lui entendrez dire avec tranfport, *je préfère mon fort.*

Il n'y a point de faits plus généralement atteftés que ceux-là, & cependant, fans prendre la peine de s'en affurer, fans approfondir les fuites d'une infurrection dont l'idée eft inféparable des idées de révolte & de guerre inteftine, des perfonnes diftinguées, foit au Barreau, foit dans l'Adminiftration, foit dans les premières Académies du Royaume, ont embraffé ce fanguinaire apoftolat, elles fe font laiffé aller à l'appas de quelques phrafes, plus ou moins fpécieufement tournées, qui leur ont paru fuffifantes pour acquérir le titre *d'amis des Noirs*, eheu vanas, hominum mentes.

CHAPITRE II.

Des exceptions au parallèle que je viens de tracer.

» Vous nous peignez, me dira-t-on, d'un » côté la condition du Cultivateur libre, fous

» l'afpect le plus repouffant, & d'un autre côté
» le fort du Cultivateur efclave, fous un maître
» humain & généreux ".

Qu'importe fi j'ai préfenté, des deux côtés, le rapport le plus général, le rapport prefque univerfel.

Une différence feule décide péremptoirement l'avantage du régime actuel des Colonies, pour la claffe (*par-tout affervie*) des Cultivateurs. Dans l'ordre de liberté de vos Payfans , *les bons comme les méchans font efclaves de fait.* Si je prouve encore que les bons font en proie, fans reffource aucune, à tous les maux de l'humanité, qu'aura-t-on à répliquer ? Choififfons, pour adminiftrer cette preuve, la terre d'un Seigneur bienfaifant, fans même aller la chercher trop avant dans l'intérieur des Provinces. Quels affligeans fpectacles s'offrent par-tout ! prendrons-nous le moment d'une abondante récolte ? Voyez dans la chaleur la plus ardente, depuis l'aube du jour jufqu'au coucher du foleil, voyez des infortunés fans ombre, fans abri, mangeant un pain noir, que des chiens refuferoient, & n'ayant fouvent pour fe défaltérer qu'une eau fétide, échauffée par les rayons du foleil brûlant de la canicule. Remarquez parmi eux cette mère, allaitant

l'enfant dont elle *eſt accouchée deux jours au-
paravant. La liberté* que vous exaltez, *la liberté*
de ces malheureux ne va pas juſqu'à entremêler
ce pénible labeur, d'un jour de repos ; car
alors *l'aliment leur manqueroit*, & le lendemain,
peut-être, le Fermier leur refuſeroit un emploi
donné à d'autres plus aſſidûment *courbés ſous*
le joug.

Parlerai-je de la ſaiſon des frimats ? ſuivez
alors ces mêmes gens dans l'intérieur des Vil-
lages : combien le ſpectacle de tous les maux
devient plus déplorable ! vous n'entendez que
plaintes, vous ne voyez que les ſymptômes de
la douleur morale & phyſique : interrogez le
Paſteur de cette Paroiſſe : ,, ces malheureux,
,, vous dira-t-il, *ſont bons, laborieux, fidèles*
,, *à leurs devoirs* ; le Seigneur, dont ils ſont
,, les vaſſaux, eſt charitable ; ſans ceſſe, il
,, répand ſur eux ſes bienfaits, j'y ajoute moi-
,, même autant que je le peux, & cependant
,, voilà leur ſort : il eſt tel, que de grands
,, ſacrifices de revenu pécuniaire, des remiſes
,, ſur les Fermiers, &c. ſuffiſent à peine à em-
,, pêcher les dernières extrémités de la miſère ,,.
Ainſi donc, en préſentant le tableau général des
Laboureurs ſur la ſurface du globe, le ſort de
ceux que l'on *nomme libres, qu'ils ſoient bons*

ou méchans, est de souffrir. Dans les Colonies *t* les *bons* Nègres, du moins, sont heureux, sous la domination des *bons* maîtres ; on ne conteste pas cette vérité, & personne, sans se refuser à l'évidence, ne peut nier que ce ne soit le plus grand nombre ; accordons, si on le veut, que les bons maîtres n'aient pas d'autre mobile *que leur intérêt.*

Leur *intérêt* ! quel mot ! comment peut-on ne pas se reposer sur un Ange tutelaire, si puissant pour les Nègres ! cette considération seule devroit rendre circonspects les détracteurs du régime colonial. Qu'opposeroient-ils à ce raisonnement-ci ? » Un de vos Vassaux, un des » Cultivateurs journaliers de votre terre meurt ; » convenez que cela n'y fait aucune sensation ; » un autre le remplace : la mort, l'émigration, » rien n'occasionne le moindre dommage à » votre fortune, ni même à votre récolte (1). » Qu'un de mes Nègres meure ! s'il est accli- » maté, *je perds une somme au moins de mille* » *écus, & je perds en outre le fruit de son*

―――――――――――――――

(1) A la Paroisse de Gennevilliers, il est mort plus de cent personnes dans l'espace d'un mois. La culture y est-elle diminuée ? non. Le revenu du Seigneur sera-t-il moindre cette année ? non.

» *travail* «. Que cette mort soit accompagnée de celle de deux, trois, quatre autres Nègres & plus ! me voilà livré à l'alternative cruelle ou d'un remplacement très-dispendieux, ou de multiplier mes pertes, en surchargeant de travail le reste de mon attelier (1).

Revenons aux exceptions : celle d'un maître barbare sur mille bons maîtres, a des effets terribles, qu'aucune autre police ou administration ne laisse à redouter, & cela seul est une cause de proscription.

Et pourquoi donc de proscription ? toutes les fois que l'intérêt met un frein à l'abus de cette autorité, l'exception alors ne mérite pas de fixer l'attention.

Sans retracer de nouveau ce que j'ai dit plus haut, des traitemens barbares que l'on fait éprouver aux soldats, aux matelots, sans y joindre l'exemple d'un si grand nombre de domestiques, que l'inhumanité de leurs maîtres soumet à une condition déplorable ; je demanderai à mon tour, quelle est l'autorité sur la terre

---

(1) *L'intérêt ! l'intérêt !* Qu'on y réfléchisse bien. L'intérêt des propriétaires est la plus sûre sauve-garde pour les Nègres.

qui ne foit pas fufceptible des plus cruels excès. Fixons-nous à l'autorité paternelle. Que d'enfans dont la vie même a fuccombé fous le poids des cruautés de leurs pères ! combien de morts lentes, & de fupplices (pires que la mort !) occafionnés par ceux-ci ! à un aîné ! des cadets facrifiés, privés de l'état où leur vocation les appelloit, & en butte à une forte de dédain de la part de leurs frères. Des filles ! telles que la fleur qui fe fane, deff.échant dans le fond d'un cloître, des inclinations contraintes, des dots vendus à de grands noms, & bientôt diffipées, des féparations, la ruine des familles, & tous les maux qui en font inféparables.

Attaquez donc l'autorité paternelle. Ses effets font les plus terribles *& les plus multipliés*, qui que ce foit cependant ne penfe, dans aucun Gouvernement, à établir des Tribunaux de furveillance contre l'abus de cette autorité ! *la nature l'a impofée*. Il femble avec ce mot que tout eft dit, & qu'il n'y a plus qu'à fe foumettre : & pourquoi donc des loix, fi ce n'eft pour réprimer & corriger ce que la nature a formé d'injufte & de vicieux ?

Et cependant *l'humanité* ! ce mot que vous faites tant fonner, comment s'arrête-t-il aux titres de père & de fils ? *l'homme* ! *l'homme*

fouffrant & facrifié, *l'homme* victime. Philantropes ! cet objet doit feul arrêter vos regards,
féviffez contre les pères.

Oh, qu'à bien plus jufte titre je dirai qu'il n'eft
point d'inftitutions humainesquin'aient des abus, &
qu'une partie de ces abus font inattaquables, parce
que de bien plus graves naîtroient de ceux que l'on
détruiroit. Auriez - vous des Tribunaux pour
régler le frein qu'on peut impofer à l'autorité
d'un père qui en abufe ! des Tribunaux ! pour
y voir des enfans attaquant au criminel l'auteur
de leurs jours ! cela fait horreur.

Pourquoi donc ne pas faire l'application de
cette fage retenue, à la police diftinctive des
Noirs avec les Blancs, à l'avantage de ceux-ci ?
Je ne dirai pas que l'inftitution eft faite, & que,
fût-elle aifée à abolir, pour une Nation, elle
fubfiftera pour plufieurs autres ; mais je dirai
en frémiffant, que l'efclavage *eft un vice inhérent
à l'efpèce d'hommes qui naît dans une des plus
vaftes parties du monde.*

Si l'on vouloit profiter de tous fes avantages,
quel tableau à tracer ici de toutes les horreurs
que l'efclavage originel, en Afrique, y fait
fubir aux Nègres. Qu'on fe peigne feulement
un Temple, conftruit entièrement avec des
crânes de Nègres, par un fouverain : cinq cents

mille Nègres, peut-être, ont fourni les matériaux de ce monſtrueux édifice : plaignez donc leur race, d'être enlevée à cette infernale patrie ! il eſt de fait encore, que, dans l'intérieur où la Traite ne pénètre pas, les Noirs ſont Cannibales, les *Mondongues* en tiennent boucherie.

L'immuable baſe, de cet eſclavage, poſée, reconnoiſſons combien c'eſt tracaſſer vainement l'eſprit humain, par des ſubtilités plus pitoyables, que les ſubtilités de l'école ; reconnoiſſons que c'eſt ſur-tout bien mal remplir le but des grands objets qui raſſemblent la Nation, que d'occuper toutes les têtes (inſtruites ou non) à ſophiſtiquer, pour dire avec emphaſe, des lieux communs ſur l'humanité ! comment ne voit-on pas qu'en agitant ſeulement cette queſtion, l'on ne tend qu'à opérer une grande révolution, & que cette révolution ne peut ſe faire ſans que le ſang coule à grands flots ?

A dieu ne plaiſe, toutefois, que je me refuſe à la recherche des moyens de réprimer les abus d'autorité qui dégénèrent en cruauté ; mais je proſcrits tout moyen qui peut dépendre des Tribunaux connus Quel a été le réſultat des démarches qui y ont été faites par quelques Propriétaires qu'un excès de bonne-foi a entraînés ? la voici :

Les

Les Nègres dénoncés ont séjourné, *à grands frais*, dans les prisons publiques : leur délit n'a pu être constaté, puisque les preuves par écrit manquent avec les Nègres, & celles par témoignages sont insuffisantes. Sur la plupart des Habitations il n'y a que deux Blancs, & souvent qu'un. Du reste les Esclaves ne sont point admis comme témoins, & enfin ils se tiennent tous entre eux : qu'est-il arrivé ? que les Tribunaux, *qui ne jugent que suivant les Loix & les Ordonnances*, ont mis hors de cour & de procès les accusés, faute de preuves : les Maîtres en ont été pour des frais considérables de procédure, & leurs Nègres rentrés dans l'attelier, y ont porté la certitude de l'impunité dans l'exercice du poison. A quels désordres affreux ne mène pas cette marche ! cela ne va-t-il pas droit à la subversion de nos Colonies ?

CHAPITRE III.

Réflexions sur les remèdes à employer, pour arrêter ou diminuer du moins les cruautés de quelques Maîtres.

CE chapitre est d'autant plus intéressant à traiter, qu'il est essentiellement lié à la nécessité de refondre totalement la conftitution de nos Colonies ; c'eft pourquoi, en portant des plaintes très-amères à M. Necker, fur l'article de fon difcours qui concerne les Nègres, je m'exprimois ainfi :

» *L'admiffion de nos Députés à la grande Affemblée* ! voilà, Monfieur, ce qui feul mé-
» ritoit le développement de votre éloquence,
» voilà ce qui feul pouvoit vous mener aux
» utiles réfultats de régénération des Noirs dans
» les Colonies mêmes «.

Mais comment (dans une tâche auffi circonfcrite, & fi fort au-deffus de mes forces), comment m'y prendre, pour tracer la refonte de la conftitution des Colonies ? Cet objet exige un ouvrage particulier, & je me contenterai de quelques indications fur un feul point contre lequel nul contradicteur ne s'élève ; *la création d'Etats Provinciaux, d'Affemblées Provinciales.* Je fupplie qu'on ne perde pas de vue, que ce que je vais dire préfentement n'eft qu'une ex-quiffe, un fimple apperçu.

Je tiens à ce mot *Provincial* ; car il eft temps de ne plus regarder en politique, les Colons que comme des François, & les Colonies que comme des Provinces de France. Aucune de ces provinces n'eft plus importante à la Métropole & à la richeffe de l'Etat ; c'eft une vérité qui n'a pas befoin de plus ample démonftration , nulle Province n'a fourni au Roi de plus fidèles Sujets , il n'y a nulle Province , enfin , dont quelques membres diftingués ne tiennent à ceux des Colonies par acquifitions , ou par le fil des alliances.

Rien ne prouve plus la néceffité d'affimiler aux Provinces de France , Saint-Domingue , la Martinique &c. par le régime de l'adminiftration , que la manière dont on a procédé à Saint Domingue aux élections des Députés pour les Etats-Généraux. Les *Règlement* , *Ordonnance* , *Réfultat d'Arrêt du Confeil* avoient à peine paru en France , qu'à 2000 lieues , on agiffoit fur les mêmes formes , autant que la localité & la confufion des 3 Ordres en un feul , ont pû le permettre.

Chaque Paroiffe , à l'inftar de vos Bailliages fecondaires , a nommé fes Electeurs au Scrutin , & ceux-ci fe font réunis à l'Affemblée générale , c'eft - à - dire aux Comités des grandes villes où l'élection des Députés s'eft faite au Scrutin , & de la manière la plus légale , tout en luttant contre mille contradictions fufcitées par les adminiftrateurs de la Colonie.

Voilà , fans pouvoir le révoquer en doute , le moule de la meilleure conftitution , à procurer aux Colonies , voilà le modèle des Affemblées Provinciales.

Chaque quartier , (je m'adreffe principalement à mes Compatriotes , je dois donc employer les mots de leur Dictionnaire actuel , je crois néanmois qu'en acquérant des rapports immédiats avec la Métropole , il conviendra de fubftituer les termes le plus généralement connus , tels que Diftricts , Paroiffes) , chaque quartier tiendra fes affifes une fois par femaine , (le dimanche) & une fois par mois les différents quartiers enverront deux ou trois Députés à la grande Affemblée Provinciale dans les villes.

La diftinction de *grand à petit* propriétaire fera fur-tout bannie de ces Affemblées ; il n'eft point de fujets *plus grands* pour les Colonies , que ceux qui y réfident , qui en étudient les différens modes de cultivation , qui obfervent les mœurs des Nègres , & enfin , qui connoiffent à fond les Colonies.

Il eft inutile de répéter , que je ne fais *qu'indiquer, efquiffer , ébaucher ;* des développemens plus marqués ici , diftrairoient de l'objet important de ce Mémoire.

J'indique donc fimplement , *mais d'une manière bien pofitive* , que voilà où gît le maintien de la police , à l'égard des Maîtres , relativement au traitement de leurs Efclaves ; eft-il en effet une Paroiffe, un Diftrict, où les défordres d'une habitation ne foient connus par l'habitation voifine ? un *Poncet*, (nom à jamais en exécration à Saint-Domingue parmi les Blancs encore plus que parmi les Noirs) *un Poncet* ! pourroit-il fe flatter d'exercer clandeftinement fes maffacres ? Non certainement. Ses cruautés, dénoncées à l'Affemblée Paroiffiale, ou de Diftrict, feroient enfuite portées à la grande Affemblée des Etats - Provinciaux, dont les Décrets infligeroient un banniffement perpétuel de la Colonie avec cette note infamante : *indigne de gouverner des Nègres.*

Perfonne ne pourroit fe refufer à ce genre de délation ; tant de motifs *d'intérêt* y font attachés ! 1°. *L'intérêt* d'éviter que le bruit de nouvelles cruautés ne renouvellât l'infurrection que nous cherchons à étouffer. 2°. *L'intérêt* majeur de concilier la vénération que toute l'efpèce des Noirs ne fauroit refufer au corps des Habitants propriétaires & des Blancs, en général, pour avoir mis ainfi un frein à la barbarie de ceux qui paffent les bornes de l'équité dans l'exercice de leur autorité. 3°. (& j'aurois dû commencer par ce motif) La pratique conftante des loix de l'humanité.

Fixons ici toute notre attention. Qu'eft-ce qui fonde cette inftitution ? *l'intérêt*. Qu'eft-ce qui veillera à l'exécution de ce qu'elle impofe ? *l'in-térêt*. Oui *l'intérêt général* fera l'axe fur lequel rouleront tous les cercles de cette importante & vafte machine. On peut être fûr que chaque Habitant fe voyant ainfi furveillé de près & menacé de recevoir de fes compatriotes , de fes frères , le châtiment de la cruauté & de l'injuftice , ne donnera jamais lieu aux plaintes.

CHAPITRE IV.

Des Etats - Provinciaux & de leur influence fur la nourriture des Nègres.

JE ne prétends point préfenter un plan de conf-titution pour des Affemblées Provinciales , ou des commiffions intermédiaires dans les Colonies ; ce travail appartient à des mains plus habiles & à des têtes plus fraîchement exercées fur les lieux mêmes , aux obfervations locales , qui ont tant varié depuis bien des années , fous une adminiftration arbitraire.

J'efquifferai , relativement à l'objet qui m'occupe , feulement quelques vues très-vagues.

Ce que l'on cultive de vivres dans ce que nous appellons *les places à Nègres* , eft infuffi-fant , quoique nos Efclaves y économifent indépendamment de ce qu'ils confomment pour leur propre ufage , la nourriture de leurs volailles , & de leurs cochons ; d'ailleurs , cela eft fubordonné aux hafards des faifons , à la féchereffe qui fouvent intercepte toutes végétation , enfin , ces vivres ne font point affez fubftantiels pour des gens qui travaillent beaucoup.

Il ne faut pas croire qu'en accordant plus d'étendue aux places à vivres , l'on parvînt au grand réfultat d'abondance de nourriture pour les temps de difette , car il eft de toute certitude , que par la nature du fol & par la qualité des végétaux (fous la dénomination de vivres) , rien ne peut fe conferver , ni en terre , ni en magafin. Tout approvifionnement *d'un mois feulement* en *maïs , mil , patates , bananes ,* &c. eft gâté , piqué & perdu.

Des approvifionnemens en bifcuit ! voilà ce qu'il faut , joignez-y des falaifons , donnez - y des encouragemens pour l'importation de la morue ; avec cela , les Nègres nageront dans l'abondance de vivres , & leur profpérité , leur propagation , feront les infaillibles réfultats de ce régime phyfique.

Combien il m'en coûte d'être circonfcrit dans des bornes étroites ! à quelle digreffion ceci n'entraîne-t-il pas ? La grande queftion de l'abrogation des Loix prohibitives, au moins relativement aux farines, au bifcuit & à la morue, tient néceffairement à la loi indifpenfable de pourvoir à la fubfiftance des Nègres. Amis des Noirs ! qu'il me foit permis de vous interpeller encore ; rien de ce que j'ai à vous dire ne pourra aigrir votre haine contre nous ; je ne veux vous parler que du bonheur des Nègres. Si vous voulez l'opérer efficacement, attachez-vous uniquement à prêcher pour qu'on nous fourniffe les moyens de fuffire abondamment à leur fubfiftance (1).

Sur ces contrées, que le double defpotifme des Miniftres de la Marine & des commerçans a jufqu'à préfent opprimées, attirez ce genre de liberté qui rentre dans les vrais principes de la conftitution nouvelle. Quelque étendue que nos fages Légiflateurs veuillent donner à l'égalité naturelle entre les hommes, va-t-elle au-delà des foins de fatisfaire amplement aux befoins de la vie pour la claffe des Laboureurs ? Voilà ce que

____

(1) Tant mieux fi cela s'opéroit par l'entremife des Négocians François ; mais depuis le temps que l'on agite cette grande queftion, *infruƈtueufement pour les Colons*, on ne peut fe diffimuler que c'eft un mal à-peu-près fans reffource ; nos Négocians font trop exclufivement adonnés à un Commerce de luxe.

les cultivateurs Noirs auront obtenu , ce qui les rendra heureux , si l'Assemblée Nationale ouvre de libres canaux à l'introduction des vivres dans les Colonies. Philantropes ! cessez de méconnoître vos Compatriotes Américains : croyez que les vertus , qui sont dans le cœur de tout bon François , l'humanité sur-tout & la sensibilité , sont en eux. Il semble même qu'elles soient des qualités propres au climat. Remontez à la découverte du Nouveau monde , vous verrez, dans le naturel brut des Indiens , bonté , douceur , hospitalité : tels sont les caractères distinctifs , en général , de ceux qui naissent par-delà le tropique. Fussiez-vous fondé à contester cette vérité , il faudroit toujours en revenir à la caution irrécusable du bien-être des Nègres que nous vous avons déja proposée ; *l'intérêt que ceux , à qui ils appartiennent , ont à leur conservation.*

La Conclusion de cet important chapitre , est qu'en laissant aux Habitans des Colonies la prérogative (que chaque Bailliage obtient) de s'occuper des intérêts de sa Province , les Loix de la Police auront pour base l'humanité ; vertu, dont la pratique presqu'universelle dans les Colonies , réellement très - dispendieuse , mais aussi très-utile pour ceux qui y possèdent des Nègres , doit prévaloir sur les déclamations de ceux qui , ne fournissant aucun enjeu , faififfent la circonftance de cette révolution, pour figurer fur la lifte des apôtres de la liberté.

CHAPITRE V

Des Loix prohibitives.

J'AI terminé le chapitre précédent par une digreffion relative à ces Loix, & quoique je me fois prefcrit de ne pas m'écarter de mon fujet; la connexion eft telle, entre l'empire prohititif des commerçans & tout ce qui concerne les Nègres, que je me crois obligé de traiter à fond un article des Loix prohibitives, auquel il eft peut-être le plus effentiel d'attacher le fceau de la réprobation, c'eft celui de la défenfe d'introduire des Nègres étrangers dans nos Colonies. En ceci, le vœu de la Nation devient unanime, & nul Colon ne niera que la manière de tranfporter les Nègres d'Afrique en Amérique, fur nos navires Négriers, ne foit barbare.

Tel eft l'avantage des Propriétaires Américains dans cette difcuffion, c'eft qu'en tout ce qui tient à l'exacte vérité & aux intérêts de l'humanité, on les voit provoquer & indiquer eux-mêmes la réforme.

Il feroit fans doute impolitique à nous, d'indiquer ici celle qui concerne la traite en Afrique ; mais puifque les Anglois agitent cette queſtion, laiſſez-les la réſoudre ; & bien que ce ſoit une queſtion pour eux ſeuls , attendons leur déciſion. S'ils renoncent à ce commerce , nous les imiterons ; alors cette conduite dictée par l'humanité & miſe en pratique par les deux Nations de l'Univers les plus commerçantes & auxquelles on ne peut auſſi conteſter l'empire de la raiſon & de la philoſophie, ſervira de précepte aux autres.

Si au contraire (comme nous ne devons pas en douter, puiſque par le relevé des armemens pour la traite, fait ſur les regiſtres de l'Amirauté d'Angleterre , ils ſont plus nombreux depuis un an qu'ils n'ont jamais été) , ſi au contraire, dis-je , les Anglois donnent plus d'activité que jamais à la traite, n'aurez-vous pas toujours la reſſource de leur abandonner l'iniquité entière de ce tranſport , où ſont violés tous les droits de l'humanité & de la politique même , puiſque la manière dont les Nègres ſont accumulés & entaſſés au fond d'un vaiſſeau , eſt une ſource de maladies & de mortalité , non-ſeulement pour eux , mais encore pour les Matelots employés ſur ces navires.

Remarquons de plus qu'il y a un autre point de rapprochement entre les amis des Noirs , & nous ; ils citent les Anglois , ils excipent de leur

exemple , & c'eſt où nous voulons toujours ramener ces ennemis de notre propriété. Qu'ils li-
ſent donc (dans les papiers Anglois du 21 Mai),
ces paroles ſages & dignes de régler notre conduite. » Il eſt aiſé d'appercevoir que ni le Gou-
» vernement , *ni le Corps légiſlatif* , après avoir
» eu le tort de ſouffrir d'encourager , *de ſanc-*
» *tionner* la traite des Nègres , ne pouvoient
» dans un pays *libre* , où les propriétés ſont ſous l'é-
» gide de *Loix inviolables* , revenir *bruſquement*
» ſur leur erreur paſſée ni renverſer (*unique-*
» *ment par eſprit de philantropie*) la fortune &
» les établiſſements d'une nombreuſe claſſe de
» ſujets Britanniques. Auſſi l'adminiſtration d'An-
» gleterre ne ſe laiſſe pas ſubjuguer par cette
» reine *de la ſottiſe* , par cette mère féconde
» de toutes les mépriſes , *par l'opinion du jour.*
» L'Angleterre s'eſt pénétrée de deux vérités : la
» première , qu'un examen lent & approfondi
» (on auroit dû ajouter *dans l'ombre du myſ-*
» *tère*) devoit précéder le jour où l'éloquence
» en appuieroit *les réſultats :* la deuxième , *qu'on*
» *ne parviendra jamais à faire révoquer la traite des*
» *Nègres* , ſans prouver qu'elle offenſe en même-
» temps l'humanité , & le commerce National
» (preuve que l'on n'adminiſtrera jamais) , ni
» ſans préſenter à celui-ci (au commerce Na-

» tional) des moyens *plaufibles* de fuppléer
» à l'utilité préfumée de l'importation des Nègres
» aux Colonies Britanniques «. Repréfentants de
la Nation ! Affemblée refpectable, que des
opérations fages, équitables & fondées principalement fur les *Loix inviolables des propriétés*
doivent immortalifer ! Voilà, le prototype de
votre jugement fur la caufe des Nègres.

CHAPITRE VI.

De la Traite des Nègres, & de la manière
différente dont les Anglois & les François traitent
cette Queftion.

Jusqu'a-présent, je n'ai envifagé la queftion
des Nègres, que relativement à l'efclavage en
lui-même. Je parlois à des François, je re-
pouffois les attaques de quelques François. Je
vais l'envifager relativement à l'abolition de la
Traite, & alors c'eft aux Anglois principalement que je répondrai : telle eft l'influence du
caractère National, qu'entre deux Nations qui
agitent la même queftion, un feul objet femble
en former deux.

Avouons-le, le François s'attache aux
fuperficies ; fa tête eft prompte à s'exalter ;

l'amour du bien, qu'il pratique autant que ſes rivaux, a beaucoup plus d'empire ſur lui, s'il s'y mêle de l'oſtentation, & ce véhicule eſt tel qu'il conſigne dans les Journaux ſes bonnes œuvres, ſes actes de Philantropie : l'exemple alors eſt le coup électrique qui meut la multitude ; la Bienfaiſance eſt devenue une vertu, pour ainſi dire, de mode, à chaque circonſtance où elle peut être exercée ; le mot de l'ordre, le ſoir dans les cercles, eſt, *en vérité c'eſt prodigieux à quel point on eſt charitable !*

Cela ſeul ne fait pas le prix du bienfait (à dieu ne plaiſe que je le penſe, le François eſt bon, généreux, bienfaiſant) ; mais cela y ajoute.

Nous chercherions en vain à nous le diſſimuler, ce cachet National eſt empreint ſur tous les écrits qui ont ſuivi parmi nous l'inſurrection des Anglois contre la Traite des Nègres.

L'eſclavage, *ſous tous ſes rapports défavorables*, voilà ce que les François ont ſaiſi uniquement ſans rien combiner, ſans établir dans une balance exacte, non-ſeulement, ce qui peut compenſer l'horreur du mot *eſclavage*, mais encore l'énormité des inconvéniens attachés à la vibration de cette fatale corde.

L'humanité....... Ce ſont des hommes ſemblables à nous par la penſée, & ſur-tout par la triſte

Faculté de souffrir...... Amis des Noirs...... Se montrer Philantrope, &c. &c. &c.

Avec ces mots, il n'y a pas de François qu'on ne rallie aveuglément sous sa bannière, & il est positif que les spéculations de ceux qui écrivent sur *les Nègres* n'ont pas plus de profondeur. C'est le pivot sur lequel ils tournent & retournent sans cesse : ces écrivains s'emparent de quelques faits, sans en avoir constaté l'authenticité : quiconque a pu citer un trait de cruauté, a été cru sur sa simple déposition, & sans approfondir si ce trait isolé est vraiment un fait, & s'il trouve d'immenses correctifs dans les soins paternels que les 99 centièmes des Propriétaires Colons exercent envers leurs Esclaves, sans comparer le sort que ceux-ci ont dans leur pays natal, avec celui qu'ils acquièrent sur nos Habitations, on crie *Tolle, Tolle,* contre la servitude. Cemot passe de bouche en bouche, il s'accrédite au point que personne ne prend la peine d'entendre les deux parties. On condamne sans juger : l'animosité est telle, enfin, qu'on a été jusqu'à provoquer l'exclusion de nos Députés aux Etats-généraux : on le voit dans une brochure *des Amis des Noirs* (c'est ainsi qu'elle est signée), on y demande *qu'une commission formée indifféremment de trente Députés juge la question.*

L'affaffin, pris même en flagrant délit ! encore eſt-il interrogé ; les Tribunaux lui accordent une fellette pour s'affeoir devant fes Juges, & fe juftifier, s'il étoit poſſible, du crime qu'on lui impute ; fes Juges font compétens ; ils font verſés dans les matières criminelles.

Quelle place dans l'ordre civil nous aſſignent-ils donc ces prétendus Philantropes ? lorſqu'ils difpoſent ainſi de notre propriété (mot ſi généralement & ſi refpectueuſement invoqué) ! lorſqu'ils en difpoſent, fans vouloir même nous entendre ? lorſqu'ils foumettent la vie de pluſieurs milliers de Citoyens qui deviendroient infailliblement les victimes d'une révolution parmi les Nègres, à la déciſion de trente perſonnes, dont pas une, peut-être, ne connoît le *régime Colonial, les mœurs des Nègres, la police des Habitations, l'importance des Colonies pour la richeſſe Nationale,* dont pas une *n'a étudié le code Noir,* n'a lu feulement, *l'Hiſtoire d'Afrique,* & ne connoît les principes d'efclavage qui font établis chez ces Peuples mêmes.

A côté de ce tableau ſi fidèle, de la légèreté & de la jactance des François en général, crayonnons en traits, non moins fidèles, la politique fage & réfléchie des Anglois.

Lorſqu'en croyant fervir l'humanité, ceux-là

en

en facrifient effectivement les droits : fuivez la marche de ceux-ci.

Pour peu que l'on connoiffe le génie de la Nation Angloife, génie fans ceffe appliqué aux objets de Commerce, on conviendra d'une vérité.

C'eft que les Anglois nous ont tendu un piége en fufcitant cette difcuffion, ils ont prévu avec quelle avidité nous nous jetterions fur une quef-tion où nous ne verrions que *le charme de dé-velopper un grand fond de fenfibilité.* Ils ont de plus calculé qu'il n'y auroit que du bénéfice pour eux, fi nous avions la mal-adreffe de nous livrer à la difcuter. La difproportion d'eux à nous, en poffeffions Coloniales, cultivées par les Noirs, eft fi énorme ; notre Commerce (en Sucre, Café, & Indigo) a un fi prodigieux avantage fur le leur en ce genre, qu'ils ont fpéculé que l'éclat de la réunion de la France à l'Angleterre, pour rendre l'Univers entier confident d'un mouvement vif de compaffion fur le fort des Nègres, porteroit nos *fages étourdis* à exciter une révolution, & à foulever les Nègres eux-mêmes. Les Anglois ont combiné que cette révolution feroit partielle ou univerfelle. En la calculant partielle, ils ont fenti que vû l'effervef-cence de l'efprit National, vû le petit nombre

C

de vaiffeaux armés en France pour porter du fecours aux Colonies, vû enfin la manière irréfléchie avec laquelle nous engagerions la difcuffion, les premières fecouffes de la rebellion culbureroient nos poffeffions, que nous pourrions même en être les feules victimes : dès-lors, quel avantage incalculable pour l'Angleterre !

Dans la chance d'une révolte univerfelle & de la fubverfion totale des Colonies cultivées par les Noirs, les Anglois ont encore découvert un très-grand avantage pour eux, puifque 1°. ils ne perdroient *qu'un* contre nous *dix*, & *plus*; 2°. ils ont plus de moyens dans leur Marine que nous dans la nôtre, pour reconquérir ce que la rebellion feroit perdre; 3°. Le commerce de l'Inde leur fournit des dédommagemens que nous n'avons point ; & enfin tout eft défriché dans leurs Colonies, ils n'ont plus qu'à maintenir tandis que nous avons à créer & à perfectionner : ce qui ne peut fe faire qu'à force de multiplier les cultivateurs (1).

Remarquez comme cette vérité perce par-tout

____

(1) St-Domingue a plus de la moitié de fes terres à mettre en valeur : il y a beaucoup de défrichemens à faire à Sainte-Lucie, à Tabago, à Cayenne; les Anglois le favent bien, il fondent fur cela le calcul des pertes qui réfulteroient pour nous de l'abolition de la Traite.

dans leurs diſſertations ſur cette matière ! y ſcrute-t-on à 2000 lieues de diſtance l'intérieur des Habitations pour généraliſer quelques traits extrêmement rares de cruauté ? *non* : y exhale-t-on la fureur en imprécations, & en injures attroces contre les Colons ? *non* : y voyez-vous enfin des, *on dit*, traveſtis en faits ? *non* : les Anglois nous laiſſent excluſivement ce genre, cette manière de diſcuter, & eux ils analyſent la queſtion ſous le vaſte rapport de l'intérêt National, & ſous la combinaiſon de la richeſſe de l'Etat ; ils la traitent, après une étude philoſophique, des moyens de concilier l'humanité avec les avantages du commerce. En un mot, *l'abolition de la Traite des Noirs..... le remplacement de cette branche de Commerce par quelqu'autre dont le ſol de l'Afrique ſoit ſuſceptible......: la régénération des Nègres dans leurs Colonies :* voilà les ſeuls points auxquels les Anglois s'attachent, & c'eſt inconteſtablement la ſeule manière ſenſée d'agiter la queſtion, & d'opérer

Au contraire ceux qui écrivent en France ignorent ces vérités importantes ; ils ne connoiſſent pas, ou bien ils feignent de ne pas connoître de quelle conſéquence ſont tous ces fils qui aboutiſſent au centre de la queſtion qu'ils n'enviſagent que ſous le ſeul rapport de l'eſclavage, & que ſous ce rapport même ils jugent très-infidèlement.

le bien de l'humanité , fous le double rapport des Noirs & des Blancs.

La politique de ces dangereux rivaux eſt enfin démaſquée par eux-mêmes ; vous voyez dans les papiers anglois, du mois de Juin, que l'on a fait dans la Chambre des Communes , la motion pour renvoyer à la Seſſion prochaine l'examen ultérieur du Commerce des Nègres : la motion a paſſé, & il a été arrêté » que le » Comité, fur cette affaire, ceſſeroit de ſiéger » pour reprendre ſes fonctions au commencement » de la Seſſion prochaine «. Quel motif peut-on ſuppoſer pour ce renvoi ? le voici, les Anglois n'ont voulu qu'occaſionner de la fermentation en France ; ils ont vu, dans la diſcuſſion de cette Thèſe, une cauſe menaçante de ſubverſion pour nos Colonies.

L'Angleterre jouit des ſuccès de ſa prévoyance ; tout ce qu'elle ſe promettoit de notre enthou-ſiaſme s'effectue, & dès qu'elle a vu la queſtion bien engagée en France, elle s'eſt tenue à l'écart ; une entrepriſe formée avec une ardeur incroyable s'eſt attiédie, les délais ont ſuccédé à l'impatience, & bientôt le ſilence ſuccédera aux délais.

Voyez encore comme l'adroite politique des Anglois s'eſt développée , ils ont imprimé dans un autre de leurs papiers publics : » Qu'on

» a reçu plufieurs lettres d'Afrique, datées du
» 20 Avril, qui portent, qu'il y étoit arrivé
» un affez grand nombre de vaiffeaux, de
» Londres & de Liverpool, dans l'intention
» d'acheter des Nègres ; mais que, fur la
» nouvelle qui s'y étoit répandue, qu'il devoit
» être rendu un bill en Angleterre, pour abolir
» ce commerce, *les Habitans avoient porté le*
» *prix de leurs Efclaves fi haut*, qu'on ne
» favoit pas fi aucun des vaiffeaux pourroit fe
» procurer une cargaifon «.

Cet article de Gazette, n'eft ni vrai, ni
vraifemblable ; en effet, comment fuppofe-t-on
un marché quelconque, d'où les Marchands
s'avifent de ramener leur marchandife chez eux,
ou de la renchérir, fur la fimple probabilité
qu'on ne viendra plus en acheter ? Il femble,
au contraire, que ce foit le cas de s'en défaire,
n'importe à quel prix, puifqu'il y a lieu de
craindre, que l'occafion du débit foit perdue
pour jamais.

Reconnoiffons, même dans ces *niaiferies*, la
fineffe des Anglois : rien ne leur eft indifférent,
tout incident, qui peut *donner aux François*
matière à écrire & differter fur un objet dont il
eft dangereux de parler feulement, eft bon &
utile à leur politique. Le moindre réfultat de

ces difcuffions doit être de leur affurer *exclu-*
fivement la Traite des Nègres , branche de
commerce que le fanatifme non raifonné des
François veut au moins leur abandonner. Ainfi,
près d'être *feuls vendeurs* & fans concurrence,
les Anglois préparent de loin le renchériffement ;
rien n'eft plus clair que cette manœuvre, d'une
Nation pour laquelle le commerce eft tout.

CONCLUSION.

CE petit ouvrage n'avoit d'abord pour objet,
que de fournir des matériaux aux Cahiers pour
les Colonies : quelques perfonnes en ont defiré
l'impreffion ; je cède, peut-être un peu tard,
à ce defir ; chaque courier des ports de mer,
qui apporte des nouvelles de Saint-Domingue
& de la Martinique, ne fait entrevoir que des
précipices prêts à engloutir ces riches poffeffions
de la France. Sans doute nous aurions dû pré-
venir l'explofion, mais mon opinion avoit toujours été, qu'il étoit très-dangereux *de parler*
feulement d'une matière fi délicate. C'eft par
cette phrafe, que j'ai commencé mon ouvrage,
je le finis de même.

Le coup de la révolution eft à-peu-près porté ;
& qui pouvoit prévoir que la fureur de faire
circuler des écrits incendiaires jufques par de là

les mers, seroit suivie de l'expédition de plusieurs Missionnaires : telle est l'extrémité à laquelle les Amis des Noirs se sont portés.

Le premier mot que ces Missionnaires ont proféré, en débarquant, a été une *imposture* : ils ont dit que l'Assemblée Nationale avoit décrété *l'affranchissement des Nègres*. Combien ne seroit-il pas important, d'après cela, que l'Assemblée décrétât promptement, *qu'elle n'a rien prononcé sur les Colonies, & que dans sa sagesse profonde elle a déterminé qu'elle attendoit, même pour la création d'un Comité des Colonies, que les Commettans manifestâssent leurs intentions par de nouveaux Cahiers.* Un tel Décret, affiché dans les Colonies, auroit le double avantage, 1°. de faire connoître la vérité ; 2°. d'avertir que les Municipalités bien organisées ont seules le droit de diriger les opérations de nos sages Législateurs.

Encore une réflexion :

L'Assemblée Nationale, le public, toute la France, l'Europe entière même, ont les yeux ouverts sur nous.

Que découvre-t-on relativement aux Colonies ?

Une Société (qui a pris pour devise ce mot *Philantropie*) tramant avec un acharnement sans exemple ; une révolution qui ne peut être que très-sanglante ; car on ne voit pas attaquer, pour les détruire de fond en comble, toutes ſes poſſeſſions, ſans en vendre cher les derniers débris. L'Amérique eſt - elle donc deſtinée à n'être qu'un théâtre d'horreurs ? On n'ouvre point l'Hiſtoire de ſa conquête ſans frémir. Frémiſſons aujourd'hui des nouveaux ſpectacles qui s'apprêtent !

Qu'une Nation fanatique, avide d'or & de richeſſe, mue par ce double caractère, ait été égorger des millions d'Indiens, à deux mille lieues de ſes foyers. La connoiſſance des hommes fait concevoir ce fatal effet de deux puiſſantes paſſions, le fanatiſme & l'avarice : on voit dans l'une & l'autre un mobile d'intérêt.

Mais ici que voit-on ? *Malum quâ malum,* cet être réputé imaginaire en morale : c'eſt une Société qu'un zèle aveugle pour la Religion n'entraîne pas, qui n'héritera point des propriétés qu'elle arrache, avec la vie, à une partie de ſes Concitoyens ; qui ne peut pas - même ſe parer du voile de l'humanité, puiſque des flots de ſang ſont l'infaillible réſultat de ſon entrepriſe.

Arrêtons - nous : mon objet eſt rempli, & mon ouvrage peut paroître. Quelle que ſoit la fin

où la révolution aboutira dans les Colonies ;
il restera du moins un monument de vérité,
qui prouvera, d'une part, jusqu'où les sophistes
peuvent abuser de la morale, & qui attestera,
d'une autre part, combien la cause des Colons
François, étoit intéressante, même par la mo-
dération & la philosophie, avec laquelle une
de ses victimes a su la défendre.

Par un Propriétaire à St-Domingue, Député
Suppléant à l'Assemblée Nationale.

A PARIS, chez CLOUSIER, Imprimeur du ROI,
rue de Sorbonne.